Ein Mensch,
der bewußt ist,
findet in der Einsamkeit
einen Freund
und im Winter
einen Meister.

Meditationsmeister Milarepa

Seit wir hier im Appenzellerland wohnen, greift der Winter viel stärker in unser Leben ein. Er bringt mehr Wind und Kälte, mehr Dunkelheit und mehr Schnee als in der Stadt. Es kommt vor, daß wir auswärtige Abmachungen nicht oder nur schwer einhalten können, weil zuviel Schnee auf der Straße liegt und das Autofahren zum Alptraum wird. Es ist offensichtlich, der Winter will bei der Gestaltung des Terminkalenders mitreden. ● Tatsächlich bedeutet der Winter auch eine Einschränkung unserer Bewegungsfreiheit. Das empfanden wir am Anfang als negativ, bis wir begannen, uns auf den Winter einzulassen. Man darf ihn nämlich nicht nur in Kauf nehmen, man muß mit ihm rechnen, sich auf ihn einstellen. Dann entdeckt man nach und nach etwas von seinem verborgenen Sinn. So ist uns der Winter heute, neben allem Unangenehmen, vor allem eine Einladung zur Stille, zum Nachdenken und Vertiefen. Es ist, als wollte

INHALT

Alle Beiträge, die nicht namentlich gekennzeichnet sind, stammen von Vreni und Bruno Dörig-Hug.

Der Text: EVELINE HASLER, Vom Winter lernen *(Umschlagrückseite) ist ebenfalls erschienen in: dies., Freiräume. Spectrum Verlag, Stuttgart. Rechte bei der Autorin.*

er sagen: Halte es für eine Weile bei dir selbst aus! Laß ruhen, was das Jahr über in Bewegung ist; hole heim, was zerstreut ist und beschränke dich auf das Wesentliche! ● Der Sommer ist die Zeit der Bewegung, des Reisens und Ausschwärmens. Der Winter schenkt Zeit zur Vertiefung des Erlebten. Wir sollen versuchen, die Ereignisse des Jahres zu verstehen und zu verarbeiten. So kann sich zeigen, welche Erinnerungen Nährwert haben. Bewegen und Ausruhen, Aufnehmen und Abgeben, Sammeln und Zerstreuen, Blühen und Vergehen – das ist der uralte Rhythmus, den uns die Natur vorgibt. Wir sollen uns in diesen Rhythmus einfügen! Das ist es vor allem, was uns der Winter sagt, wenn wir uns auf ihn einlassen. ● Vreni und Bruno Dörig-Hug

DER WINTER IST EINE EINLADUNG ZUM AUSRUHEN und Zusichkommen. Zum Nachfühlen und Wirkenlassen. Zum Distanzgewinnen und Erwägen. Zum Wiederholen und Begreifen. Zum Vertiefen und Auskosten. Zum Raumgeben und Beherzigen. Zum Verdauen und Verarbeiten. Zum Ertragen und Durchstehen. Zum Kraftholen und Widerstehen. Zum Demutlernen und Verzeihen. Zum Danken und Loben. ● Der Winter ist eine Einladung zum Schauen und Hören. Zum Schmecken und Riechen. Zum Tasten und Fühlen. Zum Wohnen und Genießen. Zum Erzählen und Singen. Zum Spielen und Tanzen. Zum Diskutieren und Pläneschmieden. Zum Basteln und Werken. Zum Stricken und Schneidern. Zum Musizieren und Malen. Zum Dichten und Vorlesen. Zum Drandenken und Briefeschreiben. Zum Bücherlesen und Wiederlesen. Zum Phantasieren und Erfinden. ● Der Winter ist eine Einladung zur Lebenskunst.

DIE BRACHE

Winter ist die Zeit der Brache. Draußen liegt Schnee. Die Natur ruht sich aus.

Die Brache ist (nach Wahrigs „Wörterbuch der deutschen Sprache“) gepflügtes, unbebautes Land. Die Brache ist auch die Zeit, während der ein Acker unbebaut bleibt, damit sich der Boden erholen kann. Aus der Schulzeit wissen wir, daß die Dreifelderwirtschaft der Germanen immer für ein ganzes Jahr ein Drittel der Ackerfläche unbebaut ließ. Wohl eine kluge Einrichtung, die mir bis heute wie eine Mahnung für so manches im Leben vorkommt, was mit Ausbeutung im weitesten Sinn zu tun hat.

Auch ohne Dreifelderwirtschaft müßten wir durch die jährliche Wiederkehr des Winters den Sinn für Brachzeiten ausgebildet haben. Wir erleben die Natur in der Phase des Ruhens. In der Erde ruhen Samen, Knollen und Zwiebeln. Einige Tiere schlafen in Höhlen und Nestern ihren Winterschlaf. Pflanzen, Sträucher und Bäume stehen entlaubt da, ohne sichtbare Zeichen ihres Lebens. Sie existieren gleichsam nach innen gekehrt, sammeln Kräfte, um sich erneut zu veräußern.

Ist es nicht so, daß wir heute in manchen Belangen den Sinn fürs Ruhenlassen und Kräftesammeln verloren haben? Wir erwarten immer gleich Erfolg. Was nicht sofort und sichtbar ein Resultat zeitigt, wird beiseite geschoben. In einer Zeit, in der scheinbar alles machbar ist, wenn man nur die richtigen Leute organisieren läßt, hat es der Sinn für Brachzeiten schwer. Wir brauchen den Ausdruck „brach liegen“ ja auch vorwiegend im negativen Sinn. Was brach liegt, muß aktiviert werden, meinen wir. Das ist ein Irrtum. Wer eine Aufmerksamkeit von innen heraus hat für das, was in einer Frage, in einer Beziehung, in einem Geschäft brach liegt und vielleicht brach liegen muß, der kann auch zur rechten Zeit in der scheinbaren Passivität einen Sinn sehen. Er wird dann schon wieder spüren, wann die Zeit fürs Tätigwerden reif ist.

Uns fehlt die Tugend der Geduld. „In kürzester Zeit" und „spielend leicht" sind wichtige Stichworte unserer Gesellschaft. Wenn ich etwas lernen will, eine Sprache zum Beispiel, oder wenn ich etwas aufbauen will, dann wird mir kaum gesagt, daß es dazu Geduld und einen langen Atem braucht. Erfolg oder Geld zurück, sagen die Verkäufer und Berater. Wer nicht profitiert, ist selber schuld ... Dabei ist dies noch immer wahr: wenn im Menschen etwas wachsen und Gestalt bekommen soll, dann kommt es darauf an, daß der Acker in uns für den Samen bereit ist. Und der Acker braucht von Zeit zu Zeit die Brache, sonst wird er ausgelaugt und taugt nicht mehr. Lernen wir vom Winter das Ruhenlassen. Lassen wir uns überschneien, ohne Furcht, wie Eveline Hasler sagt (siehe Umschlagrückseite). Es wird uns gut tun. Vieles wird sich in der Zwischenzeit wie von selbst ergeben. Für anderes wird es Frühling werden. Und Sommer, die Zeit der Aktivität und der schnellen Entscheide.

KEINE SPUR VON WINTERSCHLAF!

Walter Ritter stellte dem Agronom und Betriebsberater Max Büchi von Uster einige Fragen

Was ist Brachland, Herr Büchi? Das ist Ackerland, das für eine kurze Zeit ungenutzt, eben brachliegt. Das kann ein halbes Jahr oder mehr so sein. Nach dieser Pause wird das Land wieder in die Fruchtfolge einbezogen. Die Erde wird vor einer Brachzeit gepflügt und bleibt dann offen liegen. Damit wird eine bessere Bodengare erreicht. *Die Halbbrache* setzt nach der Haupternte ein. In der *Vollbrache* oder *Schwarzbrache* bleibt ein Acker während der Hauptvegetationszeit ohne Ansaat.

Was geschieht eigentlich im brachliegenden Boden jetzt in der Januarzeit? Die warme, feuchte Erde ist tätig. Kleinste Lebewesen, Mikroorganismen, sind emsig an der Arbeit. In einer Handvoll guter Erde können es Millionen sein. Sie zerkleinern und zersetzen die Rückstände der letzten Ernte und bauen sie ab zu leicht löslichen Grundnährstoffen, wie sie eine junge Pflanze für ihren raschen Aufbau braucht. Durch Ausscheidungen der Kleinlebewesen, ihr Wirken und Sterben werden feinste Bodenteilchen zu stabilen Krümeln verbunden, die der Erosion standhalten und das Regenwasser willig aufnehmen. Diese leicht aufnehmbaren Nährstoffe, die lebendverbauten Krümel und wenig Unkraut bilden eine gute Grundlage für eine neue, reiche Ernte.

Woher kommt diese Idee? Ja, das ist eine spannende Geschichte. So von 800, zur Zeit Karls des Großen, bis 1800, also bis zur Französischen Revolution, wurde das Kulturland im schweizerischen Mittelland nach dem System der alten Dreizelgenwirtschaft genutzt. Jeder Bauer teilte sein Ackerland in drei gleich große Teile. Je einen Drittel bestellte der Bauer mit Sommer- und Wintergetreide. Das letzte Drittel war die Brache. Diese wurde zur Erholung des Bodens sich selbst überlassen. Das Vieh weidete auf der Allmend[1], aber auch auf dem Brachzelg[2]. Später pflanzten die Leute auf der Brache je hälftig Kartoffeln und Klee.

Was nützte die Brachzeit? Der Boden sollte dadurch krümeliger gemacht werden. Die Bodenbakterien sollten aktiviert werden. Das Unkraut konnte keimen und dann richtig bekämpft werden. Es folgte nachher Wintergetreide, dann Sommergetreide, schließlich wieder die Brache.

Würden Sie der heutigen Landwirtschaft mit ihren Überschüssen wieder Brachland empfehlen? Meines Erachtens dürfen unsere Ackerböden, die nährstoff- und ertragreich sind, nicht offen sich selbst überlassen werden. Eine Einsaat, z. B. mit Kleegras, wäre nötig. Nur sie könnte die Böden vor gefährlichen Erosionen schützen, und nur sie würde die Auswaschung der Nährstoffe weitgehend verhindern.

1 Allmend: Gemeindewiese.
2 Brachzelg: Brachliegendes Flurstück.

VERSUCHUNG

Manchmal, mitten im Sommer, eine Art Sehnsucht nach dem Winter. Anders als bei den Kindern, die, einer plötzlichen Erinnerung folgend, sich aus heiterem Sommerhimmel Schneeflocken wünschen, um mit ihnen zu spielen. Bei ihnen entspringt der Wunsch der reinen Lebensfreude, der Lust, der Kälte zu trotzen, in Schneehaufen zu waten, lärmend den Hügel herunterzusausen und mit Kameraden im weichen Schnee herumzutollen. Anders bei mir. Die Erinnerung an den Winter kommt aus dem Wunsch, eine weiße Decke möge gnädig zudecken, was mir über den Kopf zu wachsen droht: das Unkraut im Garten, die Läuse im Bohnenbeet, die wild wuchernden Sträucher ...

Winter als Versuchung, das Werkzeug aus der Hand zu legen, nichts tun zu müssen, nur zu lauschen auf die Stille des Flockentreibens. Winter als Versuchung, meiner Aufgabe auszuweichen, mich von den Erfordernissen des Alltags und den Bedürfnissen der Umwelt abzusetzen, um mich dank „höherer Naturgewalten" ungestört den Winterträumen hinzugeben. Wie schön, wenn die weiße Decke des Winters alle Unvollkommenheiten zudeckte, mich einhüllte und abschirmte vor allen an mich gestellten Erwartungen. In der Tat setzt der Winter Grenzen, er schränkt meine Aktivitäten ein. Manchmal würde ich die Grenzen, die der Winter setzt, schon im Sommer brauchen. Ich möchte leben lernen im Einklang mit den Jahreszeiten, in denen „alles seine Zeit" hat. Im Frühling ist nicht die Zeit der Ernte, im Sommer nicht die Zeit der Ruhe. Erst wenn ich mich den Anforderungen des Sommers stelle, werde ich guten Gewissens und dankbar die gnädige Decke des Winters begrüßen können. Vielleicht werde ich nach vielen (Garten-)Sommern und Wintern allmählich lernen, worauf es ankommt: auf den richtigen Einstieg im Frühling, auf das wachsame Mitgehen im Sommer, auf das Zurückgeben im Herbst und das Kräftesammeln im Winter.

WORTFÄHRTEN UND WORTGEFÄHRTEN

Eine Fährte
im frisch gefallenen Schnee
ist diese Spur aus Worten,
die ich lese
und der ich folge.

Lautlos bin ich
dem Unerreichbaren
auf der Fährte:
dem nie gehörten Laut,
dem ungesagten Wort, dem
unaussprechlichen Gedanken.
Auf weißem Papier finde ich
die Abdrücke einer Wortspur,
die sich im Unendlichen verliert.
Worte sind mir nahe
und sind mir beides:
Fährten und Gefährten
durch die Zeiten
meiner Tage.

Rolf Hörler

EIN. AUS. STILLE

Im Freien vor meinem Fenster liegt Schnee. Die Erde schützt sich mit einem weißen Tuch. Tut sich etwas in ihr, das Schutz braucht?

Ich horche auf meinen Atem. Ein, aus. Und dazwischen: regungslose Stille. Dann wieder: Ein. Aus. Stille.

Es gibt *drei* Rhythmen im Leben: aufnehmen, weitergeben *und* diese Stille, in der „nichts" geschieht. Die des Schutzes bedarf. Schütze ich diese Zeit?

„Es passiert ja nichts in ihr", sagt eine Stimme in mir verächtlich, „wir wollen sie einsparen." Und so kommt es: hektisches Leben, hastiges Atmen. Zug an Zug. Ziehen, stoßen, ein, aus. Dazwischen keinen Moment die winzige Freiheit. Diese Absichtslosigkeit. Kein Warten, bis in mir das Verlangen wächst und ich spüre: Ich will atmen.

Ich habe in meinem Leben lernen müssen, dem Brachliegen Schutz und Raum zu geben. Gerade dann, wenn mich Anforderungen bis zum äußersten auspressen und ich nur geben (oder nur nehmen) muß, horche ich der Stille zwischen zwei Atemzügen nach; schüttle mir die Spannung aus dem Nacken und lege mich (beispielsweise) mitten im Tag hin, gerade *weil* so viel zu tun ist. Nur ein paar Minuten, das genügt. Wie ein Kind mummle ich mich in meine Decke.

So brachliegend nehme ich meine von Absichten und Zielen verkrampften Hände von der Zeit. Ich gebe es auf, nach *meinem* Kopf Ordnung und Regie zu führen. Ich stelle mich mitten in der Zeit, mitten in der Flut der Ansprüche mit jedem Ruhen zwischen meinen Atemzügen außerhalb der Zeit. Außerhalb der gnadenlosen Vereinnahmungen. Jedes Ruhen sagt mir mit diebischer Freude: *Sie haben dich nicht ganz! Mitten in der intensivsten Vereinnahmung bewahre ich dir Freiheit und Unberührbarkeit. Und deute dir auf jenen Tag in der Woche hin, der dich dir ganz zurückgeben möchte: Sabbath. Deute dir auf jene Zeit im Tag hin, in der du nicht für fremde Zwecke lebst, sondern in ein Reich der absoluten, tiefen Zwecklosigkeit tauchst: „Die Traumwelt“.*

Ich habe gelernt, meine Schlafzeit so zu achten wie die Zeit des Tages. Sie ist die andere Seite der Wirklichkeit. Im Schlaf gebe ich meine Kontrolle auf. Alles in mir macht sich selbständig und findet seine eigene Ordnung. Manchmal verstehe ich sie als dummer Tagmensch zwar nicht, doch es *ist* Ordnung.

Nun, nachdem ich diese Zeilen geschrieben habe, schaue ich wieder ins Freie auf den Schnee. Die Erde schützt sich. Es tut sich in ihr etwas, das Schutz braucht. *Mein* Ruhen zwischen den Atemzügen, mein Träumen in der Nacht, mein Sonntag in der Woche braucht auch Schutz! Sonst verkomme ich zum Zweckmenschen ohne eigenes Geheimnis.

Gina Schibler

Neuschnee

Mit Abscheu
sehe ich die Pirouetten der Eisläufer.
Soviel Beifall
für Drehungen um die eigene Achse?
Ich schalte den Fernseher ab.
Draußen ist Neuschnee.
In Sichtweite ein Stück
unbegangenes Feld.

Rainer Malkowski

U*M MITTERNACHT BEGANN ES ZU SCHNEIEN.* Es ist wahr, am besten sitzt man in der Küche, selbst wenn es die Küche der Schlaflosigkeit wäre. Dort ist es warm, du kochst dir was, trinkst Wein und schaust durchs Fenster in die vertraute Ewigkeit. Wozu dich quälen, ob Geburt und Tod nur Punkte sind, da doch das Leben keine Gerade ist? Wozu dich grämen mit einem Blick in den Kalender und sorgen, wie viel auf dem Spiel steht? Wozu gestehen, du hättest kein Geld, um Saskia Schuhe zu kaufen? Und wozu solltest zu prahlen, du littest mehr als die anderen? ● Selbst wenn es auf Erden keine Stille gäbe, dies Schneien hat sie schon erträumt. Du bist allein. So wenig Gesten als möglich. Nichts zur Schau. ● Vladimir Holan, übersetzt aus dem Tschechischen von Otto F. Babler.

WENN DER WINTER

Blumen hören auf
JA zu sagen
wenn der Winter
mit Schnee
den Mund verstopft

Eisiges NEIN

Rose Ausländer

BALD WIRD ES SCHNEIN

Wird einst Schnee
die letzte Wärme sein, die uns einhüllt? Nein!
Widerstand, Liebe und das Herz, das *Dennoch!* heißt,
sind gute Mäntel und Kappen.

Albert Ehrismann

INNEHALTEN, WENN WINTER IST

Wenn jemand sagt, er erlebe eine Zeit des Winters (z. B. im Geschäftsleben oder in der Ehe), so hat das offensichtlich einen eher unerfreulichen, fast negativen Klang. Wer Winter sagt, meint Kälte und Frost, Schnee und Eis. Die Erde, die im Sommer Blumen und Früchte hervorbringt, ist hart und gefroren, scheinbar ohne Leben. Wer in einem Lebensbereich Winter erlebt, kann sich nicht am Ernten erfreuen; Ertrag und Erfolg sind nicht in Sichtweite. Die Hoffnung auf eine neue Blüte- und Erntezeit ist nicht sehr stark. Aber immerhin, es könnte sein, daß ...

Der Winter ist nicht die Zeit der lebhaften Kontakte und der lauten, farbigen Feste. Wer hinaus muß auf die Straße, bleibt kaum zu einem gemütlichen Schwatz stehen. Die Leute auf den Plätzen und Straßen ziehen den Kopf gegen die Schultern, wie wenn sie die Wärme, die der eigene Körper schenkt, besser zusammenhalten wollten. Es zieht sie nach Hause.

Winter meint auch eine Zeit der Ent-Täuschung. Manche große Erwartung aus dem Frühling und manche Hoffnung auf eine reiche herbstliche Ernte hat sich nicht erfüllt. Die Vorratskammern haben sich nicht im erwarteten Maß gefüllt ... Der Winter weiß am besten, was der Sommer gebracht hat, sagt man in Dänemark. Dieses Wissen um Leistung und Lücken, um Verdienst und Versagen kann heilsam sein ...

Winter heißt auch mehr Dunkelheit. Die Tage sind kürzer, manchmal auch düster, grau und trüb. Dunkelheit scheint in unserer Zeit etwas zu sein, wogegen man anzukämpfen hat, mit ganzen Legionen von Neonlichtern. Aber vielleicht gibt es eine Art Erkenntnis der Welt

im Dunkeln. So wie eine Landschaft ihre Form im Schnee anders wiedergibt. Dunkelheit macht Angst. Muß das sein?

Sicher, wer Winter sagt, meint eine Zeit der Kälte, der Dunkelheit, des Rückzugs, der Enttäuschung und Ernüchterung vielleicht. Wir sind es jedenfalls gewohnt, diese Begriffe eher mit negativen Gefühlen zu verbinden. Aber wer durch die gefrorene Erde hindurch tiefer gräbt, findet Wärme und verborgenes Leben, das sich aufs Blühen und Früchtetragen vorbereitet. So könnte es doch sein, daß Winter in vielen andern Lebensbereichen etwas Gutes und Notwendiges meint. Wer Winter sagt, nennt einen Abschnitt im Jahreskreis. Seit Jahrmillionen hat sich alles Lebendige im Rhythmus der Jahreszeiten entwikkelt. Und noch heute weiß jeder Landwirt und Gärtner, wie sehr jedes Wachstum von den Jahreszeiten abhängt. Alles Lebendige ist eingebunden in den großen Rhythmus von Aufblühen und Vergehen, von Kommen und Gehen, von Anfangen und Aufhören, von Wagen und Zaudern, von Aufbrechen und Heimkehren ... Und doch: es scheint, daß unsere Zeit alles unternimmt, um diesen Rhythmus durcheinander zu bringen. Man will alle Früchte zu jeder Jahreszeit, man geht im Winter in die Badeferien und fährt im Sommer Ski usw. Ob das für den Menschen gut ist? Bei vielen starken Persönlichkeiten unserer Zeit kann man feststellen, daß sie eine starke Verwurzelung im Rhythmus der Tage und Jahreszeiten haben.

Eine neue Sensibilität für das Winterliche in allem Lebendigen gewinnen, heißt eine neue Einstellung zur Zeit finden. Ich bin überzeugt, daß wir viel zu wenig langsam sind, sagt Robert Walser. Und steht damit quer zum Trend unserer Zeit, in der es nie schnell genug gehen kann. Wir kennen den Begriff von der nützlichen Frist. Wissen wir immer so genau, was wirklich nützlich ist? Vielleicht sollten wir uns und andern für viele Aufgaben mehr Zeit zur Verfügung stellen. Zugegeben, man kann auch zuviel Zeit zur Verfügung haben. Ob uns das Gespür für die richtigen Zeiten des Wachsens und Reifens fehlt?

Die Kreativitätsforschung weiß, daß es für vieles eine Zeit der Ideenfindung (eine Inkubationszeit) braucht, und erst dann können gute Lösungsvorschläge kommen. Warum sollte das für den zwischenmenschlichen Bereich nicht auch gelten? Ich denke, daß hier ein fruchtbares Nachdenken über unser Verhältnis zur Jugend ansetzen könnte. Oder haben wir wirklich genug Gespür und Geduld für das Winterliche, für das Brachliegende in unserer Jugend? Alles hat seine Zeit, streiten und Frieden finden, Distanz und Nähe spüren, kämpfen und zärtlich sein, aufgeben und durchhalten. Wer ein Gespür für das Winterliche in und zwischen Menschen hat, kann eher gewähren lassen. Daß man in einer bestimmten Angelegenheit nichts unternimmt, kann ein bewußter und verantworteter Entscheid sein.

Der Winter kann eine notwendige Zeit der Nachbereitung werden. Erlebnissen aus der Hoch-Zeit des Sommers können wir im Winter nachspüren. Wir gewinnen Distanz und spüren vielleicht, daß sich so manche Dinge anders gewichten. Was mitten in der sommerlichen Betriebsamkeit so unerläßlich erschien, verliert an Bedeutung, wenn Schnee drauf fällt und umgekehrt. Gut, wenn auf diese Weise viele Ereignisse und Erfahrungen ihren Platz in der Lebensgeschichte finden. Besser jedenfalls, als wenn zuviele Erlebnisse in uns herumschwimmen, ohne daß sie ihren Sinn und ihre Bedeutung entbergen. Der Winter ist auch die Zeit der Vorbereitung. Wir können Kräfte sammeln, Pläne schmieden, mit größerer Sorgfalt Beziehungen und Aufgaben überdenken und der

Phantasie Raum geben, damit sie bereitet ist zum Aufbrechen wie das Grün aus den Knospen.

Wieviele Winter hast du auf dem Rücken? so fragt man in nördlichen Ländern, wenn man wissen will, wie alt jemand ist. Dahinter steckt eine Lebensweisheit: Entscheidend für reifes Menschsein ist nicht das Laute und Äußerliche, sondern das, was einer an Erfahrung nach innen kehren und in seine Persönlichkeit integrieren kann. Entscheidend ist nicht das äußerlich wahrnehmbare Resultat, die meßbare Ernte, sondern die Kraft, die aus innerem Wachstum kommt; die Jahresringe, die sich innen anlegen; die Einstellung zum Leben, getragen von Dankbarkeit, Zuversicht und Geduld mit sich selbst.

So können wir vieles lernen und neu erfahren, beim Innehalten, wenn es Winter wird.

WINTER

HÄUSER, Bäume
im Schneegestöber
unwirklich wie Wasserzeichen

auf einem Bogen
Papier

WÄLDER
wo die Gedanken
Reif bilden an den Ästen
zwischen den Stämmen
der warme Hauch
bewohnter Häuser

WAS ich bin
im Schnee
zwischen reifbehangenen Bäumen:

Ein bißchen Hauch
ein Vogelherzpochen
ein kurzes Flüstern
in so viel Schweigen

Spaziergänger im Schnee:
Wunschwolken steigen auf
mit gebuchteten Rändern
ein violetter Fuchs
im Gebüsch

Ein gefallener Regenbogen
ist als Schneebogen
farbenblind

Die Schatten
der Totgeglaubten
kommen im Winter an die Fensterbretter

Teilt den Notvorrat
der Träume

Eveline Hasler

VOM ÜBERFLUSS DES WINTERS

K*älte:* Als Kind graute mir vor dem Winter. Mich fror schon beim bloßen Gedanken an diese Jahreszeit. Wie ungeschützt und ausgesetzt kam ich mit vor, wenn mich die Eltern auf den Familienspaziergang mitschleppten! Schaudernd sah ich meinen Brüdern zu, die voll Übermut junge Bäumchen schüttelten und sich einen Spaß daraus machten, sich vom heruntergleitenden Schnee weiß überpudern zu lassen. Ich vermied es ängstlich, den kalten Schnee zu berühren. Meine Finger wurden ohnehin steif und klamm vor Kälte, trotz wollener Handschuhe. Die Zehen spürte ich schon gar nicht mehr. Am liebsten hätte ich sie eingezogen, wie Katzen ihre Krallen unter das schützende Fell ziehen können. Nur tüchtig bewegen, das hält warm, hieß es dann. Aber wie konnte ich mich denn in diesem feindlichen Element bewegen! Lieber wollte ich in Deckung gehen, regungslos in mich hineinverkrochen verharren, abwarten, bis die Sonne wieder wärmende Kraft spendet.

Kälte zieht zusammen. Kälte macht eng. Das Blut zirkuliert auf einer enger umschriebenen Bahn. Die Blutgefäße der Körperoberfläche schließen sich, um einem inneren Wärmeverlust vorzubeugen. Durch das Anspannen der Muskulatur wird das freie Strömen des Blutes zusätzlich behindert. Der Körper wird steif, die Glieder sind gefühllos; der Mensch verliert die Kraft, der Kälte zu widerstehen.

Meine Eltern hatten schon recht: tüchtig bewegen hält warm. Es ist ja ganz logisch; durch Bewegung entsteht Muskelwärme, welche im unverkrampften Körper vom Blutstrom bis in die äußersten Fingerspitzen getragen wird. Welch herrliches Gefühl dann, diesen Lebensstrom im Körper zu spüren und aus dieser Kraft der Kälte zu trotzen! Es ist dann nicht mehr ein passives Über-sich-ergehen-Lassen, sondern ich vermag mich aktiv dem Winter entgegenstellen.

V*orrat:* Ich habe die Geschichte von Frederick sehr gern. Während sich seine Mitmäuse mit dem Einbringen von Vorräten abplagen, liegt er in der Sonne, genießt die Farben und bestaunt den blauen Himmel. Als er zurechtgewiesen wird, antwortet er nur: „Ich arbeite auch, ich sammle Sonnenstrahlen für die kalten, dunklen Wintertage." So bringt er Licht, Farbe und Wärme in sein Inneres als Vorrat für den Winter. Und es erweist sich, daß alles für das Überleben der Mäusefamilie nötig ist, Körner und Weizen und Farben und Wärme.

Seit wir hier wohnen, haben wir ganz neu Spaß und Freude am Vorräteanlegen bekommen. Auf Sommerwanderungen, beim Kräutersammeln und Beerenpflücken denken wir gern an den Winter. Und seitdem wir einen Garten haben, versuchen wir vermehrt, vom Überfluß des Sommers einen Teil in die kalte Jahreszeit hinüberzuretten, indem wir dörren und trocknen, heiß einfüllen und tiefkühlen. Der Winter ist so etwas wie ein geheimer Verbündeter geworden. Mit der wohligen Genugtuung, alles unter Dach und Fach gebracht, die Ernte eingeholt und die Regale in Küche und Keller gefüllt zu haben, läßt sich der Winter mit dem Schnee willkommen heißén, fast wie damals als Kind.

Vielleicht kann den Winter besser ertragen, auskosten und genießen, wer es gelernt hat, im Sommer und Herbst Vorräte anzulegen. Nicht nur solche zum Essen ...

Und vielleicht, während wir von den Schätzen des Sommers zehren, können wir jetzt im Winter einen neuen Vorrat an Stille und Einkehr, an Muße und Beschaulichkeit anlegen. Das hilft uns, mitten in den überbordenden Aktivitäten der übrigen Jahreszeit den langen Atem zu bewahren. – Es geht auch hier um das rechte Verhältnis. Wir brauchen beides: die Zeit des Vorrätesammelns und die Zeit des Ausgebens und Verschwendens.

Solidarität: Während wir am Fenster sitzen und uns am Anblick einer sanften, weißen Landschaft erfreuen, zerbrechen sich ältere Mitmenschen den Kopf, wie sie den zugeschneiten Weg freikriegen, damit sie die nötigen Besorgungen machen können. Viele wagen sich gar nicht hinaus, weil sie Angst

haben hinzufallen. Andere sind schwer krank und wissen, daß der Tod im Winter häufiger anklopft als im Sommer ...

Während wir unser Haus mit einer Ölheizung schön regelmäßig warm halten, ohne daß wir dafür die geringste körperliche Arbeit leisten, sorgen sich andere ums nötige Holz oder um Kohle. Und mit jedem Morgen kommt die Arbeit des Anheizens. Das Holz muß vorbereitet, die Kohle herangeschafft sein.

In der Tat, der Winter ist für viele alles andere als poetisch. Er ist eine harte, unangenehme Zeit, die Angst und Sorge bringt. Wer dies bedenkt, müßte die Verpflichtung spüren, die sich daraus ergibt. Es gibt Leute, die unsere Hilfe und Solidarität brauchen. Ein Besuch bei kranken und alten Menschen wird im Winter doppelt geschätzt.

Und das gilt erst recht, wenn es in einem Menschen selbst kalt und windig wird. Ob meine Vorräte weiterreichen als nur für mich selbst?

Winterantwort

Die Welt ist aus dem Stoff,
der Betrachtung verlangt:
keine Augen mehr,
um die weißen Wiesen zu sehen,
keine Ohren, um im Geäst
das Schwirren der Vögel zu hören.
Großmutter, wo sind deine Lippen hin,
um die Gräser zu schmecken,
und wer riecht uns den Himmel zu Ende,
wessen Wangen reiben sich heute
noch wund an den Mauern im Dorf?
Ist es nicht ein finsterer Wald,
in den wir gerieten?
Nein, Großmutter, er ist nicht finster,
ich weiß es, ich wohne lang
bei den Kindern am Rande,
und es ist auch kein Wald.

Ilse Aichinger

Erklärung • *AM MORGEN LAG SCHNEE.* Man hätte sich freuen können. Man hätte Schneehütten bauen können oder Schneemänner, man hätte sie als Wächter vor das Haus getürmt. • Der Schnee ist tröstlich, das ist alles, was er ist – und er halte warm, sagt man, wenn man sich in ihn eingrabe. Aber er dringt in die Schuhe, blockiert die Autos, bringt Eisenbahnen zum Entgleisen und macht entlegene Dörfer einsam. • Peter Bichsel

Es riecht nach Schnee, der Sonnenapfel hängt
so schön und rot vor meiner Fensterscheibe;
wenn ich das Fieber jetzt aus mir vertreibe,
wird es ein Wiesel, das der Nachbar fängt,
und niemand wärmt dann meine kalten Finger.
Durchs Dorf gehn heute wohl die Sternensinger
und kommen sicher auch zu meinen Schwestern.
Ein wenig bin ich trauriger als gestern,
doch lange nicht genug, um fromm zu sein.
Den Apfel nähme ich wohl gern herein
und möchte heimlich an der Schale riechen,
bloß um zu wissen, wie der Himmel schmeckt.
Der Wiesel duckt sich wild und aufgeschreckt,
und wird vielleicht nun doch zum Nachbarn kriechen,
weil sich mein Herz so eng zusammenzieht.
Ich weiß nicht, ob der Himmel niederkniet,
wenn man zu schwach ist, um hinaufzukommen?
Den Apfel hat schon jemand weggenommen ...
Doch eigentlich ist meine Stube gut
und wohl viel wärmer als ein Baum voll Schnee.
Mir tut auch nur der halbe Schädel weh
und außerdem geht jetzt in meinem Blut
der Schlaf mit einer Blume auf und nieder
und singt für mich allein die Sternenlieder.

Christine Lavant

LIEBER SCHNEE

Lieber Schnee, vor Jahren, Ende September, kamst du heimlich in der Nacht, und du hast gewütet wie ein Irrer. Am mächtigen alten Lindenbaum in unserm Dorf hast du mehrere Riesenäste respektlos zu Boden gedrückt und abgebrochen. Es kam mir vor, wie wenn du sagen wolltest: „Ich bin nicht die sanfte Pracht für kaputte Herzen. Ich kann auch anders, da schaut her ...“ Du möchtest offensichtlich, daß die Menschen ihr Bild von dir immer wieder korrigieren. Das ist dir bei mir gelungen. Seine Majestät, der Schnee! So dachte ich nach jener Septembernacht.

Leise, fast scheu kommst du oft im November. Es ist Abenddämmerung, meine liebste Zeit. Ich sitze am Schreibtisch beim Fenster. Vor mir eine Tasse Kaffee und irgendeine Schreibarbeit, die ich auch morgen noch erledigen kann. Ich schaue zum Fenster hinaus und weiß fast plötzlich: Heute kommst du! Eine freudige Erregung kriecht in meine Glieder. Ich erwarte dich wie eine Geliebte. Dann die ersten Flocken auf dem Fensterbrett, der Vorplatz wird langsam weiß, im Hintergrund noch ganz schwach die blauschwarze Wand der Vorarlberger Alpen. Du bist da, es ist Winter! Leise berührst du mein Herz.

So, wie du in den ersten Stunden deiner Ankunft an meine Seele rührst, möchte ich dir immer begegnen. So bist du mir wirklich eine Freundin, eine Verbündete, ich kann deine zärtliche und liebevolle Sprache erwidern. Aber wenn du die kalte Schulter zeigst, dann verwirrt es mich. Warum machst du den Alten das Leben schwer? Ihren ohnehin langsamen Schritt machst du noch schwerer. Sie müssen in ihren Häusern bleiben in einer Zeit, in der ihnen Geselligkeit vielleicht gut täte? – Du ballst dich zu Lawinen zusammen und bedrohst ganze Dörfer. Du tötest Menschen! Als Schneeflocke bist zu so lieblich und als Lawine bist du so schrecklich. Ich verstehe dich nicht, liebe Frau Schnee. Bist du am Ende gar keine Frau, sondern ein Mann?

Wenn ich an deine gewalttätige Seite denke, dann geht es mir nicht gut. Alles Nachdenken und Verstehenwollen gerät in eine Sackgasse. Mein Kopf wird wie aufgeblasen. Ich wollte eben schreiben, wie ich mich freue, wenn du auf eine Stadt fällst. Ganz demokratisch verteilst du dich auf alle, auf Reiche und Arme, auf Dumme und Intelligente, auf Schöne und Häßliche. Das ganze dicke Geld nützt dem Herrn Generaldirektor nichts, wenn er mit seinem Luxuswagen in den weißen Massen steckenbleibt. Er kann noch so lange in gewohnt weltmännischer Art das Taxi rufen, es hilft nichts, das ist nämlich auch steckengeblieben. Alle müssen mit dir rechnen. Man kann dich nicht bestechen. Das finde ich herrlich. Ich erinnere mich an einen Geschäftsmann, der seinen amerikanischen Gästen einen rustikalen Schweizer Abend mit Fondue, Ländlermusik und Schneeflocken vor dem Fenster bieten wollte. Du kennst ja die Reklame, die du so treffend zieren darfst. Aber es war, wie wenn du einen Streich spielen wolltest, du erschienst nicht. Der Geschäftsmann, ein Macher mit gut ausgebauter Werbeabteilung, ließ es dann künstlich schneien. Eine armselige Angelegenheit. Aber hör mal, liebe Frau Schnee, ich bringe diese heitere, fast clownhafte Seite an deinem Wesen nicht mit der grausamen zusammen. Warum bist du so?

Mit heißem Kopf trete ich hinaus ins Freie, ziehe Pantoffeln und Socken aus und wate, wie oft am Abend, hinaus auf die Schneewiese – barfuß. Es ist herrlich erfrischend, am Anfang. Dann krallt sich die Kälte fest, es ist kaum zum Aushalten. Noch ein paar Schritte hinaus in die Wiese, dann aber zurück im Schnellauf, die Füße brennen. Was eben noch erfrischend und prickelnd auf der Haut war, ist nichts als Kälte, die schmerzt. Ganz schnell ziehe ich zwei paar Strümpfe an und lege mich in Decken eingehüllt auf das Sofa. Jetzt kriecht ganz langsam eine wohlige Wärme in die Zehen und in den ganzen Fuß und die Beine hinauf in den ganzen Körper. Wie gut das tut! Ich fühle mich besser, der Kopf wird frei. Du kannst zärtlich berühren, du kannst bedrohen und Angst machen und du bist darüber hinaus eine erfrischende Gratismedizin für guten Schlaf.

Nun, ich rede und rede, will mich mit dir unterhalten. Mit Worten. Vielleicht ist das gar nicht die rechte Art. Vielleicht willst du uns zum Verstummen, zum Schweigen, zur Stille führen. Auf jeden Fall bist du fähig, eine laute, lärmende Gruppe von jungen Leuten zum Schweigen zu bringen, wenn sie nach einer Seilbahnfahrt im Wallis plötzlich der weißen Arena der Berge gegenübersteht. Du kannst unsere Seele verändern. Wenn wir dir in der Einsamkeit begegnen, dann verraucht unsere Wut, die Unzufriedenheit wird lächerlich, die Depression verliert ihre Dunkelheit, für einen Moment lang wenigstens.

Wie ein Bad für die gegängelten und übersatten Augen kann eine weite weiße Fläche deines Gewandes werden. Weiß ist voller Möglichkeiten, sagt Kandinsky. Ja, das ist es wohl. Wenn du dich ausbreitest, dann zeigst du uns Zukunft. Danke, liebe Frau Schnee.

In den letzten Jahren bist du oft über Wochen und Monate weggeblieben. Erst Mitte Februar beglücktest du uns in diesem Jahr holterti polterti mit einem gewaltigen Blitzbesuch, wie wenn du sagen wolltest: Mich gibt es auch noch, aber ich komme, wann ich will! Die Leute, die im Fremdenverkehr und beim Wintersport beschäftigt sind, grollen dir. Der Verdienst, den sie mit dir machen, fällt aus; das bringt sie in eine mißliche Lage. Du hast Macht, und ich stelle mir vor, du spottest über die Versuche, Kopien von dir herzustellen – mittels Schneekanone ...

Einige sagen, du hältst dich absichtlich zurück, du willst uns zeigen, daß unser unvernünftiges Verhalten in der Umwelt alles durcheinander bringt. Das kann ich nicht glauben. Du bist doch kein Pädagoge, eher schon ein Zen-Meister. Wenn du da bist, dann wirkst du durch deine Gegenwart, durch deine rätselhaften Gegensätze.

Komm, liebe Frau Schnee, besuche uns regelmäßig. Wir haben deine Gegenwart bitter nötig. Niste dich bei uns ein und bringe – wenigstens gelegentlich – unser hektisches Getriebe zum erlahmen. Das bringt uns vielleicht zur Besinnung und zum Umdenken. Wir sind nämlich ganz schreckliche Geschwindigkeitsfanatiker geworden. Hilf uns, daß wir zu einem gesunden, menschengemäßen Lebensrhythmus zurückfinden!

Bevor ich schließe, muß ich dir noch etwas erzählen, was dich vielleicht freut. In einer Sonderschule schaut ein kleines Mädchen, das von Geburt an gehörlos ist, aus dem Fenster. Es schneit. Plötzlich wendet es sich einer Heimerzieherin zu und sagt: „Einmal möchte ich hören, wie es schneit."

Manchmal
wenn draußen
so viel Schnee liegt
wie heute
und die Sonne
die Wolkendecke durchbricht
füllen sich
alle Zimmer unseres Häuschens
mit zarter, inniger Helle.
Genauso
bist du gegenwärtig
in den Kammern
meines Seelenhauses
manchmal.

ALLES GERÄUSCH IST EINGESCHNEIT

Es schneit, schneit, was vom Himmer herunter mag, und es mag Erkleckliches herunter. Das hört nicht auf, hat nicht Anfang und nicht Ende. Einen Himmel gibt es nicht mehr, alles ist ein graues weißes Schneien. Eine Luft gibt es auch nicht mehr, sie ist voll Schnee. Eine Erde gibt es auch nicht mehr, sie ist mit Schnee und wieder mit Schnee zugedeckt. Dächer, Straßen, Bäume sind eingeschneit.

Auf alles schneit es herab, und das ist begreiflich, denn wenn es schneit, schneit es begreiflicherweise auf alles herab, ohne Ausnahme. Alles muß den Schnee tragen, feste Gegenstände wie Gegenstände, die sich bewegen, wie z.B. Wagen, Mobilien wie Immobilien, Liegenschaften wie Transportables, Blöcke, Pflöcke und Pfähle wie gehende Menschen. Kein Fleckchen existiert, das vom Schnee unberührt bleibt, außer was in Häusern, in Tunneln oder in Höhlen liegt. Ganze Wälder, Felder, Berge, Städte, Dörfer, Ländereien werden eingeschneit. Auf ganze Staatswesen, Staatshaushaltungen schneit es herab. Nur Seen und Flüsse sind uneinschneibar. Seen sind unmöglich einzuschneien, weil das Wasser allen Schnee einfach ein- und aufschluckt, aber dafür sind Gerümpel, Abfällsel, Hudeln, Lumpen, Steine und Geröll sehr veranlagt, eingeschneit zu werden. Hunde, Katzen, Tauben, Spatzen, Kühe und Pferde sind mit Schnee bedeckt, ebenso Hüte, Mäntel, Röcke, Hosen, Schuhe und Nasen. Auf das Haar von hübschen Frauen schneit es ungeniert herab, ebenso auf Gesichter, Hände und auf die Augenwimpern von zur Schule gehenden zarten kleinen Kindern. Alles, was steht, geht, kriecht, läuft und springt, wird sauber eingeschneit. Hecken werden mit weißen Böllerchen geschmückt, farbige Plakate werden weiß zugedeckt, was da und dort vielleicht gar nicht schade ist. Reklamen werden unschädlich und unsichtbar gemacht, worüber sich die Urheber vergeblich beklagen. Weiße Wege gibt's, weiße Mauern, weiße Äste, weiße Stangen, weiße Gartengitter, weiße Äcker, weiße Hügel und weiß Gott was sonst noch alles.

Fleißig und emsig fährt es fort mit Schneien, will, scheint es, gar nicht wieder aufhören. Alle Farben, Rot, Grün, Braun und Blau, sind vom Weiß eingedeckt. Wohin man schaut, ist alles schneeweiß; wohin du blickst, ist alles schneeweiß.

Und still ist es, warm ist es, weich ist es, sauber ist es. Sich im Schnee schmutzig zu machen, dürfte ziemlich schwer, wenn nicht überhaupt unmöglich sein. Alle Tannenäste sind voll Schnee, beugen sich unter der dicken weißen Last tief zur Erde herab, versperren den Weg. Den Weg? Als wenn es noch einen Weg gäbe! Man geht so, und indem man geht, hofft man, daß man auf dem rechten Weg sei. Und still ist es. Das Schneien hat alles Geräusch, allen Lärm, alle Töne und Schälle eingeschneit. Man hört nur die Stille, die Lautlosigkeit, und die tönt wahrhaftig nicht laut. Und warm ist es in all dem dichten weichen Schnee, so warm wie in einem heimeligen Wohnzimmer, wo friedfertige Menschen zu irgendeinem feinen lieben Vergnügen versammelt sind.

Und rund ist es, alles ist rundherum wie abgerundet, abgeglättet. Schärfen, Ecken und Spitzen sind zugeschneit. Was kantig und spitzig war, besitzt jetzt eine weiße Kappe und ist somit abgerundet. Alles Harte, Grobe, Holperige ist mit Gefälligkeit, freundlicher Verbindlichkeit, mit Schnee, zugedeckt. Wo du gehst, trittst du nur auf Weiches, Weißes, und was du anrührst, ist sanft, naß und weich. Verschleiert, ausgeglichen, abgeschwächt ist alles. Wo ein Vielerlei und Mancherlei war, ist nur noch eines, nämlich Schnee; und wo Gegensätze waren, ist ein Einziges und Einiges, nämlich Schnee. Wie süß, wie friedlich sind alle mannigfaltigen Erscheinungen, Gestalten miteinander zu einem einzigen Gesicht, zu einem einzigen sinnenden Ganzen verbunden. Ein einziges Gebilde herrscht. Was stark hervortrat, ist gedämpft, und was sich aus der Gemeinschaft emporhob, dient im schönsten Sinne dem schönen, guten, erhabenen Gesamten.

Aber ich habe noch nicht alles gesagt. Warte noch ein wenig. Gleich, gleich bin ich fertig. Es fällt mir nämlich ein, daß ein Held, der sich tapfer gegen eine Übermacht wehrte, nichts von Gefangengabe wissen wollte, seine Pflicht als Krieger bis zu allerletzt erfüllte, im Schnee könnte gefallen sein. Von fleißigem Schneien wurde das Gesicht, die Hand, der arme Leib mit der blutigen Wunde, die edle Standhaftigkeit, der männliche Entschluß, die brave tapfere Seele zugedeckt. Irgendwer kann über das Grab hinwegtreten, ohne daß er etwas merkt, aber ihm, der unterm Schnee liegt, ist es wohl, er hat Ruhe, er hat Frieden, und er ist daheim. – Seine Frau steht zu Hause am Fenster und sieht das Schneien und denkt dabei: „Wo mag er sein, und wie mag es ihm gehen? Sicher geht es ihm gut.“ Plötzlich sieht sie ihn, sie hat eine Erscheinung. Sie geht vom Fenster weg, sitzt nieder und weint.

Robert Walser

Robert Walser

In seinem Gedächtnis
schneite es
immer.
Er kannte sich aus
mit dem Schnee.
Wenn er Lust hatte,
zählte
er
Flocken.
Der Schnee machte
ihm eine Musik.
Seid still, bat er.

Er hoffte, daß
er keine Spur
hinterlasse,
drückte aber
sein Gesicht
so tief
in den Schnee,
daß der Frühling
noch
in ihm lesen konnte.

Peter Härtling

DIE FUSSSPUR

Leise, endlos fiel der Schnee auf das erfrorene Land. „Mit dem Schnee fällt immer Stille“, dachte Boura, der sich in einer Hütte untergestellt hatte, und ihm war zugleich feierlich und traurig zumute, denn er fühlte sich einsam in der weiten Landschaft. Der Landstrich vor seinen Augen vereinfachte, verschmolz und vergrößerte sich, gefügt von weißen Wellen, unzerpflügt von Wirrungen des Lebens. Endlich lichtete sich und versiegte der Tanz der Flocken, die einzige Regung in dieser glorreichen Stille. Zögernd gräbt der Wanderer seinen Fuß in den unberührten Schnee, und es rührt ihn eigentümlich an, daß er als erster die Gegend mit der langen Zeile seiner Schritte zeichnet. Doch kommt ihm auf der Straße ein Schwarzer und Verschneiter entgegen; zwei Spurenketten laufen nebeneinander her, kreuzen sich und tragen die erste menschliche Wirrnis auf die unbefleckte Tafel.

Aber der Entgegenkommende bleibt stehen, er hat noch Schnee im Bart und blickt angestrengt auf etwas am Straßenrand. Boura verlangsamte den Schritt und spähte in seine Blickrichtung; beide Ketten trafen sich und blieben nebeneinander stehen.

„Sehen Sie dort diese Fußspur?“ sagte der verschneite Mann und zeigte auf eine Spur etwa sechs Meter vom Saum der Straße weg, auf der sie beide standen.

„Ja, sehe ich; die Fußspur eines Menschen.“

„Gut, aber wie ist sie da hingekommen?“

„Jemand ist hier vorbeigegangen“, wollte Boura sagen, doch stockte er plötzlich; die Fußspur war die einzige mitten in einem Feld, und weder vor ihr noch hinter ihr fanden sich Spuren von Schritten; sie hob sich sehr deutlich und scharf von der weißen Fläche ab, nichts

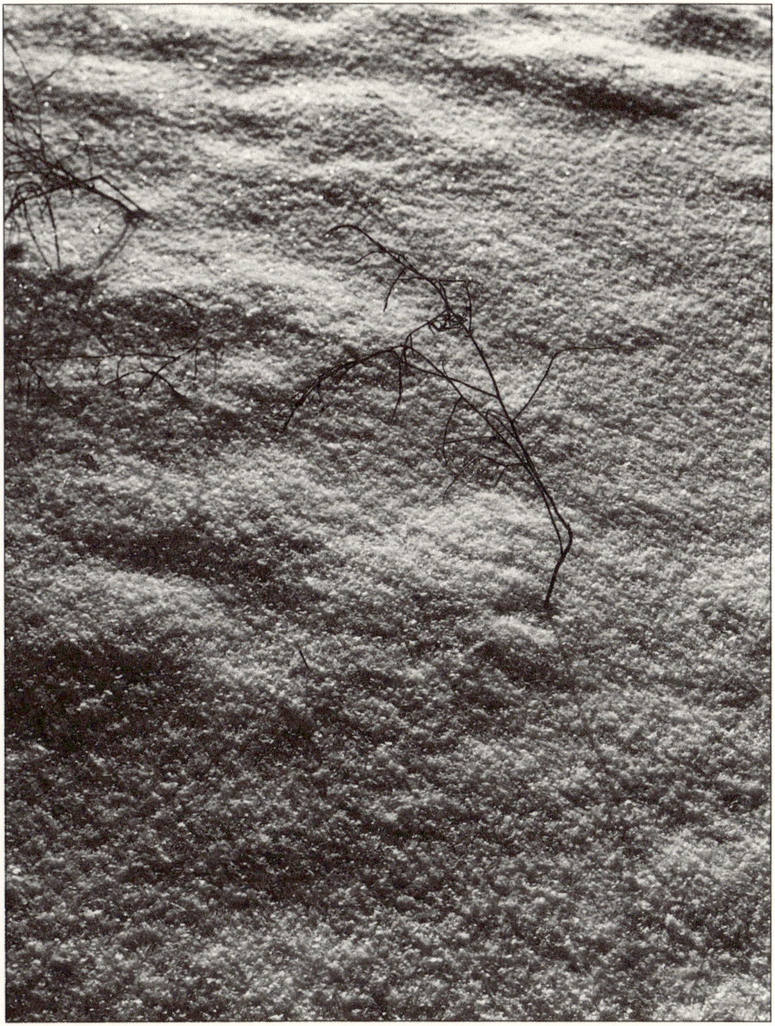

aber führte zu ihr hin und nichts von ihr weg. „Wie kann sie da hingekommen sein“, wunderte er sich und wollte näher an sie herangehen.

„Warten Sie“, hielt ihn der andere zurück, „Sie machen nur unnütze Spuren um sie herum und bringen alles durcheinander ... Das müssen wir klären“, fügte er gereizt hinzu, „das geht doch nicht, daß es irgendwo nur eine einzige Fußspur gibt. Angenommen, jemand wäre von hier mitten ins Feld gesprungen; dann gäbe es keine Schritte davor. Aber wer brächte es fertig, so weit zu springen, und wie könnte er nur auf einem Fuß landen? Er würde doch das Gleichgewicht verlieren und müßte sich irgendwo mit dem zweiten Fuß abstützen; meiner Meinung nach müßte er noch ein Stück weiterlaufen, so wie wenn man von einer fahrenden Straßenbahn springt. Doch hier gibt es *nirgends* einen zweiten Fuß.“

„Das ist Unsinn“, sagte Boura; „wäre er von hier gesprungen, müßten von ihm Spuren auf der Straße sein; ich sehe aber nur unsere Stapfen. Vor uns ist keiner hier gegangen.“

„Die Spur zeigt mit der Ferse zur Straße; wer sie gemacht hat, der ist in diese Richtung gegangen. Wenn er zum Dorf gegangen wäre, hätte er nach rechts gehen müssen; auf dieser Seite sind nur Felder, und was zum Teufel hat jetzt einer in den Feldern verloren?“

„Hören Sie, wer dort hingetreten ist, der hätte auch irgendwie weitergehen müssen; aber ich behaupte, daß er überhaupt nicht weitergegangen ist, denn er hat keinen zusätzlichen Schritt getan. Das ist doch klar. Hier ist keiner gegangen. Die Spur müssen wir anders erklären.“ Und Boura dachte angestrengt nach. „Vielleicht war dort eine natürliche Vertiefung in der Erde oder eine Fußspur im gefrorenen Matsch, und der Schnee hat sie zugedeckt. Oder warten Sie, vielleicht stand dort ein weggeworfener Schuh, und den könnte ein Vogel weggetragen haben, als es nicht mehr schneite. Dann wäre dort eine schneefreie Stelle geblieben, einer Fußspur ähnlich. Wir müssen eine *natürliche* Lösung finden.“

„Wenn der Schuh dort schon vor dem Schneegestöber gestanden hätte, wäre es darunter aper; ich aber sehe nur Schnee."

„Vielleicht trug der Vogel den Schuh weg, als es noch schneite; oder er hat ihn im Flug in den frischen Schnee fallen lassen und hob ihn wieder auf. Eine Fußspur kann das einfach nicht sein."

„Frißt denn Ihr Vogel Schuhe? Oder macht er sich darin ein Nest? Ein kleiner Vogel kann so einen Schuh nicht tragen, und ein großer paßt nicht hinein. Das will allgemeiner gelöst sein. Ich meine, es *ist* eine Fußspur, und wenn sie nicht über Land gekommen ist, dann muß sie von oben gekommen sein. Sie glauben, daß ein Vogel sie gemacht hat, aber es könnte auch sein, daß sie zum Beispiel ... von einem Ballon ist. Vielleicht hat sich jemand an einen Ballon gehängt und ist mit einem Fuß in den Schnee getreten, um die Welt zum Narren zu halten. Lachen Sie nicht, mir ist es selber unangenehm, so überspannt zu argumentieren, aber ... Ich wäre froh, wenn es keine Fußspur wäre." Und beide gingen hin.

Die Umstände hätten nicht klarer sein können. Vom Graben, der sich entlang der Straße zog, stieg sanft ein unbeackertes verschneites Feld an; etwa in der Mitte befand sich jene Fußspur, und dahinter stand, dicht beschneit, ein nicht sehr großer Baum. Die Fläche zwischen Straße und Fußspur war jungfräulich, ohne das geringste Zeichen einer Berührung; die Schneedecke war nirgends beschädigt oder verworfen. Der Schnee war weich und gefügig, ohne Pulverisierung durch große Fröste.

Es war wirklich eine Fußspur. Der Abdruck eines großen amerikanisch geformten Schuhs mit sehr breiter Sohle und fünf starken Nieten am Absatz. Der Schnee war sauber und plattgedrückt, nirgends lag eine leichte, unversehrte Flocke; also war die Fußspur erst entstanden, als es nicht mehr geschneit hatte. Der Abdruck war tief und kräftig; die auf der Sohle ruhende Last mußte viel größer gewesen sein als das Gewicht jedes der beiden über die Spur gebeugten Männer. Die Vorstellung des Vogels und des Schuhs löste sich schweigend in nichts auf.

Direkt über die Fußspur schwebte das äußerste Geäst des Baumes: ein dünnes Zweigwerk, eingepackt in Schnee, der nirgendwo abgestreift oder abgeschüttelt war. Beim leichten Antippen der Zweige fiel der Schnee in ganzen Brocken herab. Die Hypothese „von oben" war damit erledigt. Es war völlig unmöglich, irgend etwas von oben zu tun, ohne den Schnee vom Baum zu stoßen. Das Faktum der Fußspur hatte an harter und nackter Klarheit gewonnen.

Jenseits der Fußspur war nur reine Schneefläche. Sie stiegen den Hang hinauf und liefen über den Scheitel des Hügels; tief, weit nach unten senkte sich ein unberührter weißer Hang, und dahinter stieg ein neuer an, breiter noch und weißer. Vom zweiten Fuß war kilometerweit keine Spur zu sehen.

Sie gingen zurück; hinter sich fanden sie die Doppelzeile ihrer Schritte, schön und regelmäßig, als wäre sie mit Absicht so gezogen. Doch zwischen den beiden Zeilen befand sich mitten in einem zertretenen Kreis die Spur eines anderen, mächtigeren Fußes, zynisch in ihrem Alleinsein; etwas hielt sie davon ab, sie zu zerstampfen und sich im stillen Einverständnis ihrer zu entledigen.

Erschöpft und verwirrt setzte sich Boura auf einen Kilometerstein. „Jemand hat uns auf den Arm genommen."

„Eine Schande ist das", sagte der andere, „ein außerordentlich dummer Streich, aber ... Verdammt, da gibt es doch physikalische Grenzen. Das ist ja gar nicht möglich ... Hören Sie", stieß er schnell und beinahe ängstlich heraus, „wenn dort nur ein einziger Fuß ist, könnte er nicht von einem Einbeinigen stammen? Lachen Sie nicht, ich weiß, daß es blöd ist, aber irgendeine Erklärung *muß* es doch geben. Es geht hier um den Verstand, irgend etwas greift ihn an ...

Ich bin völlig verwirrt. Entweder sind wir beide verrückt, oder ich liege zu Hause im Fieber und phantasiere, oder es *muß* eine natürliche Erklärung geben."

„Wir sind beide verrückt", meinte Boura nachdenklich. „Ständig suchen wir nach ‚natürlichen' Erklärungen; wir klammern uns an die umständlichsten, unsinnigsten und gezwungensten Gründe, wenn sie nur ‚natürlich' sind. Vielleicht wäre es viel einfacher und ... natürlicher, wenn wir sagen würden, daß es bloß ein Wunder sei. Wir bräuchten uns dann nur zu wundern und könnten ruhig unserer Wege gehen ... ohne verwirrt zu sein. Vielleicht auch zufrieden."

„Ich würde mich nicht so schnell zufriedengeben. Wenn durch die Fußspur etwas Großes geschehen wäre ... Wenn durch sie jemandem etwas Gutes widerfahren wäre, ich würde auf die Knie fallen und ‚Wunder' rufen. Aber diese Fußspur, das ist doch peinlich; das ist doch furchtbar kleinkariert, eine einzige Fußspur hinzusetzen, wo es doch genügt hätte, eine normale Reihe von Schritten zu tun."

„Wenn jemand hier vor Ihnen ein totes Mädchen wiedererweckt hätte, würden Sie in die Knie gehen und sich in Demut beugen; doch noch bevor der Schnee an Ihrem Knie zu schmelzen begänne, würden Sie der Meinung sein, das Kind sei ohnehin nur scheintot gewesen. Hier aber ist nichts Scheinbares; hier wurde, sagen wir mal, ein Wunder unter höchst vereinfachten Bedingungen vollbracht, wie bei einem physikalischen Experiment."

„Mag sein, daß ich diese Wiedererweckung nicht glauben würde. Aber auch ich will erlöst werden und warte auf ein Wunder ... daß etwas kommt und mein Leben verändert. Diese Fußspur verändert mich weder, noch erlöst sie mich, noch führt sie mich aus irgend etwas heraus; sie quält mich nur, hat sich mir hier aufgezwängt, und ich werde sie nicht los. Und ich glaube ihr nicht. Ein Wunder hätte mich zufriedengestellt, die Spur aber ist ein erster Schritt in die Ungewißheit. Es wäre besser gewesen, ich hätte sie nie gesehen."

Beide schwiegen sie lange. Wieder begann es zu schneien, und der Schnee fiel immer dichter.

„Ich erinnere mich", hob Boura an, „daß ich bei Hume von einer einsamen Fußspur im Sand gelesen habe. Diese hier ist also nicht die erste. Ich meine, daß es vielleicht Tausende solcher Spuren gibt, daß es ungeheuer viele gibt, bei denen wir uns keine Gedanken machen, weil wir uns an bestimmte Regeln gewöhnt haben. Ein anderer würde sie vielleicht nicht beachten; ihm wäre gar nicht in den Sinn gekommen, daß das hier ein Solitär ist, daß es Dinge auf der Welt gibt, die in keinem Zusammenhang stehen. Sehen Sie, unsere Spuren sind alle gleich; diese einsame aber ist größer und tiefer als die unseren. Und wenn ich mein Leben bedenke, so scheint mir, als wären darin ... Schritte, die von nirgends kommen und nach nirgends führen. Es ist sehr schwierig, mir alles, was ich erlebt habe, als ein Glied zu denken, welches aus einer Ordnung in eine andere mündet. Es kommt vor, daß man plötzlich etwas weiß oder fühlt, dem nichts, aber auch gar nichts Ähnliches vorausgeht und dem nichts Ähnliches mehr folgen kann. Es gibt menschliche Dinge, die mit nichts zusammenhängen und sich immer nur als einmalig erweisen. Ich weiß von Dingen, aus denen sich nichts weiter ergeben hat, die nichts und niemanden erlöst haben, und dennoch ... Es hat Fälle gegeben, die weder weitergeführt noch weitergeholfen haben, und vielleicht waren sie die wichtigsten Dinge im Leben. Ist Ihnen nicht aufgefallen, daß diese Fußspur viel schöner ist als alle anderen, die Sie bisher gesehen haben?"

„Und ich erinnere mich", äußerte der andere, „an die Siebenmeilenstiefel. Vielleicht hat man irgendwann einmal auch so eine Spur gefunden und sie nicht erklären können. Wer weiß, vielleicht finden sich die vorangehenden Schritte bei Pardubice und Kolín und die nachfolgenden erst bei Rakovník. Aber genauso könnte ich mir denken, daß der nächste Schritt nicht mehr im Schnee abgedrückt ist, sondern vielleicht in der Gesellschaft, mitten in einem Ereignis, irgendwo, wo etwas passiert ist oder passieren wird; daß dieser Schritt Teil einer zusammenhängenden Reihe von Schritten ist. Denken Sie sich eine Reihe solcher Wunder, in der diese Fußspur ihren natürlichen Platz hat. Gäbe es eine vollständig informierte Zeitung, ließen sich in den Tagesnachrichten unter Umständen auch die weiteren Schritte finden und jemandes Weg verfolgen. Vielleicht ist hier eine Gottheit unterwegs; ihr Gang ist zusammenhängend und fortlaufend; vielleicht ist ihr Weg eine Art Führung, an die wir uns halten sollen. Wir könnten Schritt für Schritt den Spuren der Gottheit folgen. Vielleicht wäre es der Weg der Erlösung. Das alles ist möglich ... Und es ist schrecklich, einen solchen Schritt *ganz bestimmt* vor sich zu haben und ihm nicht folgen zu können."

Boura schüttelte sich und stand auf. Es schneite immer dichter, und das zertretene Feld mit der großen Fußspur inmitten der anderen verschwand unter dem neuen Schnee. „Ich lasse nicht ab", sagte der verschneite Mann, „... von der Spur, die es nicht mehr gibt und nie mehr geben wird", führte Boura in Gedanken zu Ende, und ihre Wege trennten sich in entgegengesetzten Richtungen.

Karel Čapek

einfall zum schneefall ● der letzte schneefall der ein kniefall des himmels und ein bückling der oberen gegen die unteren und ein vornehmes blinzeln aus der höhe war hat mich derart aus der fassung gebracht und in eine kühne verfassung versetzt daß ich jetzt das wort ergreifen muß da andere zeugen schweigen und das gestöber ohne murren ohne hymnen bloß über sich ergehen lassen sie lassen das wetter einfach wetter sein das wetter wird nicht mehr von grund auf erörtert und gewürdigt es fehlt an gründlichkeit und begeisterung es werden keine wetterwetten mehr abgeschlossen es wird um die klimmzüge der temperaturen und temperenzen der atmosphäre nicht mehr gefeilscht und gehandelt es wird auf eis und hagel nicht mehr geschossen man gibt dem treiben und tosen der weichen flöckelchen allenfalls seine stillschweigende zustimmung und versalzt ihnen den aufenthalt aber man gibt sich nicht mehr die mühe zu allegorischen ausdeutungen zu groben und gefühlsstarken beschimpfungen man verschweigt daß uns gefühle und erwartungen an die schneemanufakturen binden daß alle beschwerden und unpäßlichkeiten von einer schweren decke begraben werden daß wir beim eintreten der schneefläche die schneegötzen beim tee stören daß wir vor glitzernden böden mit knirschenden schritten die empfindlichsten schamgegenden der schneeteufel ankratzen daß wir bitte willi rufe mich ein andermal an ich bin gerade an einem traktat über schneeleute uns an steilen pisten mit hohen schlitten echt gefährden daß wir den manen der kälte und der starre ein dampfendes menschenopfer darbringen aus dem echten geist der unterkühlung und zitternd vor freude habe ich diesen schönen einfall augenblicklich zu papier gebracht ● J. C. Wolf

ICH MÖCHTE MICH DORT NIEDERLASSEN, WO WURZELKRAFT ZUHAUSE IST

S*tadt im Schnee.* Ein Fläumchen genügt, und schon hat die Stadt ein anderes Gesicht, verändert der aufgezwungene Rhythmuswechsel wenigstens vorübergehend die Einstellung der Bürger. Von Pünktlichkeit, die uns von klein auf als sehr wichtig eingehämmert worden ist, kann allen Anstrengungen zum Trotz keine Rede mehr sein. Auf Schnee läßt sich beim besten Willen nicht schnell gehen – und fahren schon gar nicht. Da hilft weder fluchen noch hupen; gottergebenes Dreinschicken – uns Fleißigen so fremd geworden – ist die einzig mögliche Reaktion.

Die Stadt im Schnee wird ruhiger und friedlicher. Die Lähmung der Hektik wirkt erholsam, der Tanz der Flocken besänftigt. Verschneite Autos verlieren ihre Aggressivität, häßliche Baugruben verwandeln sich in surreale Plastiken, das Drahtgewirr über Straßen und Plätzen erinnert an riesige Spinnennetze, der weiße Schneeschnauz der Tram an die Jungfraubahn. Halbstundenweise sind in unserer durchorganisierten Stadt sogar ganze Straßenabschnitte gesperrt – länger bleibt die Natur aber nicht Sieger. Da rattern schon Räumungskolonnen heran, und sofort liegt das bißchen Schnee nur noch dort, wo der (normale?) Tagesablauf nicht mehr gestört wird. Die Natur ist bezwungen, die unerwünschte Bremse gelöst, die Ordnung wiederhergestellt. (Werner Ehrensperger)

H*aus.* Wenn richtiger Schnee liegt, lernt man zuerst, was das ist: ein Haus. Da spürt man, was innen und außen ist. In den Bauernhäusern liegt die Küche oft auf der Wet-

terseite; die Eisblumen an den Fenstern sind hier besonders dick. Die Hausfrau hantiert im Winter mit präziser Eile. Dämpfe steigen aus den Kochtöpfen, Nebel schleicht in den Hausflur, wenn einer die Türe öffnet. Scheite werden unter die Pfannen geworfen und ins Feuerloch des Kachelofens in der Stube, um den sich jene scharen, die nicht gerade hinaus müssen. Man lädt sich mit Wärme auf, blickt zufrieden durch die kleinen Fenster, bis es wieder Zeit wird: für die Einkäufe, fürs Jauchefahren, zum Holzen. Die Wärme im Rücken, die Schneewüste in den Augen, wartet der Bauer auf die richtige Zeit. Ein geduldiger Rhythmus von Aufwärmen und Arbeiten, von Innen und Außen. (Martin Schaub)

E*skimo.* Schnee ist nicht gleich Schnee. Das wissen Skifahrer und Wintersportler. Pulverschnee, Naßschnee, verharschter Schnee, Sulzschnee, das sind geläufige Begriffe geworden. Sie beeinflussen unseren Entscheid, ob und wo wir skifahren wollen.

Nun lese ich, die Eskimos hätten über hundert Bezeichnungen für Schnee verschiedener Konsistenz. Für den Bau von Iglus muß es Oquaalsait sein, vom Sturm hartgepreßter feinkörniger Schnee. Wenn der Eskimo diese Schneeart gefunden hat, kann er sich in zwei Stunden ein mittelgroßes Familieniglu bauen.

Schnee ist nicht gleich Schnee. Wir können unsere Fähigkeit der Wahrnehmung und Unterscheidung herausfordern lassen. Auch wenn wir kein Iglu bauen müssen. Übungshalber.

F*locken.* Große Schneeflocken zeigen auf der Waage ein Gewicht von etwa 0,14 Gramm. Ein Nichts von Schnee. Und doch, wie „gewichtig“ werden viele dieser bescheiden anmutenden Schneekristalle zusammen! In einer Zeit, die von der Magie der Zahlen und Rekorde lebt, hat man dieses Schneegewicht berechnet. Hier das Resultat: Wenn auf einer Fläche in der Größe des Kantons Zug (239 qkm) 25 Zentimeter Schnee liegen, ergibt das ein Gewicht von mehr als 22 Millionen Tonnen.

Aber wenn sie lustig vom Himmel fallen, diese Tänzer des lieben Gottes, dann wird einem leicht ums Herz. Als Kinder versuchten wir, beim ersten Schnee mit dem Mund die köstlichen Dinger aufzufangen. Dabei stellten wir uns wie von selbst auf die Zehen, als ob wir uns von der Erdenschwere abstoßen wollten. Wir wurden selbst wie tanzende Flocken. Für ein paar Augenblicke. Stunden später war das Fortkommen mühsam.

W*eiß*. Ich kann mir schlecht vorstellen, daß ein wütiger Mensch in diesem Seelenzustand bleibt, wenn er im nächsten Augenblick der großen weiten Arena der Walliser Berge gegenübersteht. Die weiße Weite einer Schneelandschaft macht die meisten Menschen sanft und still. Das Weiß ist leise, unaufdringlich, mild und eine Erholung für die Augen. Weiß ist der Inbegriff von Reinheit und Lauterkeit. Weiß drängt sich nicht auf, ist demütig und schafft Raum ...

„Weiß ist ein großes Schweigen“, sagt Kandinsky, „aber voll Möglichkeiten wie das Nichts vor der Geburt.“ Das ist es wohl, was uns so trifft und in eine ganz andere Seelenlage bringt, wenn wir vor einer großen weißen Schneelandschaft stehen: ein Raum von Möglichkeiten tut sich auf, wir haben Zukunftsland, das wir betreten dürfen; aber nicht stürmisch und ohne Überlegung, sondern behutsam und vernünftig, denn ein jeder Fußabdruck bleibt und verändert die weiße Fläche.

Und wir reden auch vom weißen Tod. Das Weiße – das Milde und Sanfte – braucht den Gegenpol, das Schwarze. Und die bunte Farbpalette der andern Jahres- und Lebenszeiten.

S*prache.* Nach langen und heftigen Gesprächen ein Gang hinaus in die kalte Winternacht. Der Schnee macht die Landschaft hell und mild, obwohl der Mond nicht leuchtet. Langsam fallen die Gesprächsfetzen von mir. Der kalte Wind kühlt den verrauchten Kopf. Das wirre Gedankenbündel löst sich langsam.

Dann ganz plötzlich die Sehnsucht nach wortlosem Einverständnis mit den Wurzeln des Lebens. Ich möchte mich dort niederlassen, wo Wurzelkraft spürbar wird, ein Dasein jenseits der Sprache. Ich denke an die gegenstandslose Meditation im Zen, an die weiße Fläche, das Fallen- und Ziehenlassen aller Gedanken. Dann wieder der Blick auf die Schneelandschaft. Da ist sie ja, die weiße Fläche. Im Blick auf den Schnee und im Schutz der Dunkelheit erholt sich mein Geist und meine Seele. Die Sprache kann neue Kraft gewinnen.

Jahre später finde ich ein Gedicht des nordischen Dichters Tomas Tranströmer, das viel von dem enthält, was ich an diesem späten Abend in der kalten Winternacht empfunden habe:

Überdrüssig aller, die mit Worten,
Worten, aber keiner Sprache daherkommen,
fuhr ich zu der schneebedeckten Insel.
Das Wilde hat keine Worte.
Die ungeschriebenen Seiten
breiten sich nach allen Richtungen aus!
Ich stoße auf die Spuren von Rehhufen im Schnee.
Sprache, aber keine Worte.

DUNKELHEIT

Wir haben Angst vor ihr. Eine dunkle Geschichte ist verdächtig. Geächtet ist das „dunkle“ Mittelalter. Künstliches Licht ist der große Gleichmacher. Wir kennen die Dinge bei Licht und wir wollen sie nicht anders sehen. Und je weiter wir uns von der Dunkelheit entfernen, um so fremder, unheimlicher, gefährlicher erscheint sie uns. Wir wollen alles mit dem Licht der Wahrheit durchdringen, wir loben die Klarheit des Geistes. Die Dunkelheit scheint dieser entgegenzustehen.

Und dies stimmt nicht. Die Welt im Lichte ist so wahr wie die Welt in der Dunkelheit. In der Dunkelheit offenbaren die Dinge andere Qualitäten als im Lichte. Und diese sind uns unheimlich. Unheimlich in dem Sinn, daß sie uns nicht heimlich, nicht bei uns heimisch sind.

Wohl die klassische Angstsituation in unserer Gesellschaft ist „nachts im Wald verirrt“.

Wer sich verirrt, zeigt, daß er sich schon oberflächlich nicht auskennt. Und wer Angst hat, zeigt, daß er auch tiefer nicht Bescheid weiß.

Die Angst vor der Dunkelheit ist das Eingeständnis unserer Zivilisation, die Welt im Tieferen nicht zu kennen.

Man spricht heute viel von der Erweiterung des Bewußtseins. Hier liegt die einfachste, natürliche Erweiterung unseres auf das Licht beschränkten Bewußtseins: der Dunkelheit den ihr angemessenen Raum in unserem Leben zurückgeben. Die Welt im Licht der Dunkelheit zu sehen.

Ich erinnere mich – als wäre es heute – an ein Erlebnis vor vielen Jahren: ein Klassenkamerad von Freunden hatte bei einem Unfall das

Augenlicht verloren, kam aber, dank deren Hilfe, gut über die Anfangsschwierigkeiten hinweg und blieb dem alten Lebensraum erhalten. Eines Abends holte ich ihn bei seiner Familie im vierten Stock eines Reihenhauses ab. Die anderen riefen wohl von unten, wir sollten uns beeilen. Er verabschiedete sich schnell von seinen Eltern, ging hinaus in den Flur und sprang in großen Sätzen die Treppen hinunter, ohne, wie ich mit Entsetzen bemerkte, das Licht im Treppenflur angemacht zu haben. Sofort sprang ich zum Schalter, um – ja, warum? Ein Reflex, sonst nichts. *Er* brauchte das Licht nicht, um sich hier zurechtzufinden. Wir glauben es zu brauchen, auch dort, wo wir im Grund genommen alles kennen. In der Dunkelheit ist der Blinde sehend und der Sehende blind, weil der Blinde keine Angst vor der Dunkelheit hat und der Sehende verlernt hat, anders als bei Licht zu sehen. Wir haben die Fähigkeit, uns bei sehr wenig Licht zurechtzufinden. Diese Fähigkeit, wie jede andere, können wir üben oder verlieren. Das bequeme Leben mit der Elektrizität verführt uns leicht zu letzterem: wo drei Watt genügen würden, brennen einhundertfünfzig – wir haben's ja. Und bald haben wir es dann auch nötig. Wir können nicht mehr anders. Das Licht macht uns blind.

Seit fünf Jahren leben wir jetzt ohne elektrisches Licht. Und unmerklich hat sich unser Leben dem natürlichen Rhythmus von Tag und Nacht, von Sommer und Winter angepaßt: während im Sommer der Tag sechzehn Stunden dauert – gerade lang genug für all die dann anfallende Arbeit –, begnügen wir uns im Winter fast mit der halben Zeit. Und auf dem Land ruht im Winter die Arbeit in einem bestimmten Sinn. Es mag unnatürlich sein, im Winter vielleicht zwölf oder fünfzehn Stunden zu schlafen. Und doch gewöhnt man sich an diesen Rhythmus, nicht nur von Tag und

Nacht, sondern auch von Sommer und Winter. Was anderes ist der Winterschlaf als eine Folge des natürlichen Rhythmus von Sommer und Winter?

... und an langen Winterabenden kommt eine alte Sitte wieder zur Geltung: das Erzählen von Geschichten. Weder zum Erzählen noch zum Zuhören braucht man Licht. Im Gegenteil. Es stört.

Gisbert Bölling

Schnee schnee

Falls wir die nacht durchhielten
die blindheit des laubes
und uns selbst vergäßen
über dem nest des vergeblings

und was noch außerdem übrig bleibt

Einen holm machen aus der winterzeit

Jan Skácel

Winterpsalm

Dein Name
ist gefallen
Dein Name
fällt

Und ist kein
anderer Name
auf den sich mein
weggeschnittener
Atem reimt

Und er heißt
Wunderbar Rat
Stecken und Stab
Begehbarer Weg
Eis
über meinem Bodensee

Geheiligt werde
dein zugefrorener Name

Eva Zeller

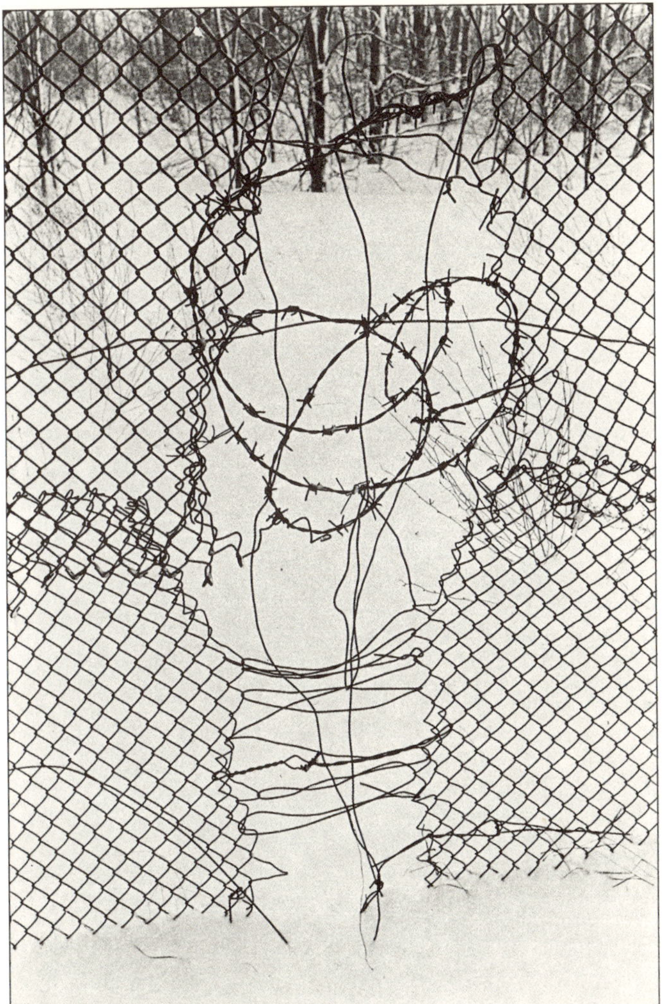

GEHEILIGT WERDE DEIN ZUGEFRORENER NAME

Kalt und steif wie Eiszapfen kommen ihm die Gottesdienstbesucher vor, sagt ein junger Mann in der Diskussionsrunde. Kein Gruß, kein Wort der Begrüßung, kein Lächeln – dabei sei es doch eine frohe Botschaft, die die Menschen zum Gottesdienst rufe!

Wir erleben in unseren Kirchen eher eine Winterzeit, meinte vor Jahren der verstorbene Theologe Karl Rahner, mit nüchternem Blick auf die Institution, für die er ein Leben lang arbeitete.

Ist es tatsächlich kalt und grau in unseren Kirchen?

Wenn man Berichte über das kirchliche Leben in Afrika oder Südamerika liest, bekommt man den Eindruck, dort herrsche ein frühlingshafter Aufbruch. Vergleicht man die Gottesdienste in diesen Ländern, die geprägt sind von Spontaneität und Herzlichkeit und Fröhlichkeit, mit den unsrigen, könnte man schon zum Schluß kommen, bei uns sei es kalt. Oder ist das eine Frage des Temperaments?

Man könnte den Bogen auch weiter spannen und fragen, ob die christliche Botschaft in unserer Gesellschaft wirklich so sei wie eine Pflanze, die blüht und Früchte trägt. Oder herrscht da auch eher Winterzeit? Einige reden zwar noch vom „christlichen Abendland“, aber man darf doch mit einigem Recht bezweifeln, daß unser Zusammenleben vom Geist der Bergpredigt geprägt sei. Handfeste Prinzipien der Realpolitik und Sachzwänge bestimmen unser Leben in Politik und Wirtschaft. Die Chancen, daß der Geist Jesu Christi sich auswachse zu einem starken Baum, der Früchte trägt, sind eher klein. Winterzeit ...

In diese Überlegungen hinein weht mir ein kalter Novemberwind ein eigenartiges Gedicht der *Schriftstellerin Eva Zeller* auf den Schreibtisch. Es trägt den Titel *Winterpsalm.* Es ist nicht gefällig und wohlklingend. Sperrig und unbequem kommt es mir vor. Ich lege es beiseite, lese es nochmals. Geheiligt werde dein zugefrorener Name. Der Satz bleibt hängen, zieht die anderen Verse nach, und mit einem Mal spüre ich, wie sehr dieses Gedicht unsere Situation trifft. Ich verstehe den Text etwa so:

Dein Name
ist gefallen
Dein Name
fällt

Fallen, das Stichwort. Das Laub fällt von den Bäumen. Schnee fällt vom Himmel, und Schwermut fällt in viele Herzen. Und viele Menschen unserer Zeit fallen vom Glauben ab, sagen wir. Fallen, abfallen, wegfallen. Und Gottes Name fällt? Wohin fällt sein Name im großen Abfallhaufen?

Gottes Name fällt in unsere vielen Diskussionen, er ist ein salonfähiges Thema geworden. Wir können nämlich über alles reden, wir Menschen des zwanzigsten Jahrhunderts. Denn wir sind mündig geworden.

Gottes Name fällt in die kalten Mühlen der wort-verarbeitenden Industrie. Und nur ganz selten in ein warmes Menschenherz.

Und ist kein anderer Name
auf den sich mein
weggeschnittener
Atem reimt

Die große Atemnot unserer Zeit. Das kurze Hecheln, das Keuchen, der stockende Atem, das oberflächliche Schnaufen. Und dazu die Angst, beim Einatmen zuviel von schlechter Luft zu bekommen. Aber wir haben nicht nur zuwenig und zu schlechte Luft für die Lunge, sondern auch zuwenig und falsche Nahrung für die Seele. Das Angebot an Therapien, Lebenshilfen und Atemschulen war noch nie so groß. Ein ganzer Markt steht uns zur Verfügung. Wir können uns quer hindurch probieren und herausfinden, was uns schmeckt. Vielleicht kommen viele dieser Lebenshilfen nicht zum Tragen und wärmen unser Herz nicht, weil wir immer nur daran nippen ...

Auf den abgeschnittenen Atem reimt sich kein anderer Name als Gottes Name, meint die Dichterin. Wenn wir wieder aufatmen und durchatmen wollen, brauchen wir Gottes Zusage, die heil- und ganzmachende Kraft seines Namens. Aber wie finden wir Zugang zu Gottes Namen (oder wie findet er Zugang zu uns, besser gefragt!)? Vielleicht dann, wenn der große Lärm aus unseren Ohren fortgeschafft ist, wenn die Wahrnehmungskanäle zur Herzmitte vom Gerümpel befreit sind und wenn sich unsere vom Haben-wollen verkrampften Hände lösen und eine Schale bilden ...

Vielleicht wird in der Stille einer weißen Schneelandschaft Gottes Name wieder lesbar.

Wunderbar Rat
Stecken und Stab
Begehbarer Weg
Eis
über meinem Bodensee

So, im Eingehen und Annehmen der winterlichen Seite unseres Lebens kann Gottes Name geheiligt werden und heil machen. Kein gängiger Gedanke. Uns wäre die pfingstliche Begeisterung aus dem Feuer oder das fließende Wasser der Reinigung und Erfrischung lieber.

Aber das „Eis über meinem Bodensee“ birgt neue Chancen: Plötzlich sind begehbare Wege da, neue, unverbrauchte, nicht planbare – und sie tragen. Auch wenn Karl Rahner vom Winter in der Kirche spricht, meint er damit nicht etwas Negatives. Der Winter ist ein Abschnitt im Jahreskreis. Und nach jedem Winter kommt ein Frühling, auch wenn es manchmal recht lange dauert. Ein starkes Urvertrauen liegt im Mitgehen mit den Jahreszeiten. So können uns die bewußte Hinwendung und das Erleben des Winters vieles entdecken lassen, was unsere Zuversicht und Hoffnung stärkt. Das Leise und Unscheinbare, das Ausruhen und Geschehenlassen, das zurückgezogene Leben in den Samen und Knollen: all dies bekommt in unserer lauten Zeit seine Bedeutung zurück; sogar der Abfall, der Kompost wird Grundlage zu neuem Leben.

So viele Ideen und Vorschläge für eine Erneuerung der Kirche und für eine Durchdringung der Welt mit dem Geist der Bergpredigt liegen bereit. Ohne langen Atem, ohne Durchhaltekraft und Treue, ohne den Sinn für das Brachliegende gedeiht das Leben nicht. Es gibt viele Möglichkeiten eines ganz natürlichen Rückzugs, einer winterlichen Besinnung in dieser kalten Jahreszeit. Verdrängen wir den Winter in uns und um uns herum nicht. Lassen wir ihn zum Recht kommen. Damit es wieder Frühling werden kann.

WINTER UND FRÜHLING

Eine Fabel

Der Winter spottete über den Frühling und schalt: „Sobald du dich sehen läßt, hat keiner mehr Ruhe: wer seine Freude dran hat, läuft in die Wiesen und Haine, um Blüten und Blumen oder gar eine Rose zu pflücken und zu betrachten oder ins Haar zu tun; ein andrer besteigt ein Schiff und wagt sich aufs Meer, und wenn er Glück hat, kommt er zu andern Menschen. Und keiner sorgt sich mehr um Winde oder Regenwetter. Ich aber gleiche einem selbstherrlichen Gebieter: da darf keiner zum Himmel aufblicken, man muß voller Angst und Zittern die Nase ständig auf der Erde haben und manchmal ganze Tage in der Stube zubringen und noch zufrieden damit sein."

„Darum sind auch die Menschen so froh, wenn sie dich loswerden", versetzte der Frühling, „während sie bei mir schon den bloßen Namen schön finden, und es ist ja auch wahrhaftig der schönste aller Namen. Wenn ich nicht da bin, denken sie meiner, und wenn ich mich zeige, sind sie froh."

Äsop